AF349931

CATALOGUE

DE LA

GALERIE DE TABLEAUX

ET OBJETS D'ART

De M. J. PERROT,

Place Francheville, à Périgueux.

———— ✦✦✦ ————

*La Vente aura lieu le 5 juillet 1874 et jours suivants,
à midi, maison* PERROT, *place Francheville.*

———— ✦ ————

PÉRIGUEUX

IMPRIMERIE CHARLES RASTOUIL, RUE TAILLEFER, 31

——

1874.

CATALOGUE

COMPLET ET DÉTAILLÉ

DES TABLEAUX ET OBJETS D'ART

FORMANT LA GALERIE DE M. J. PERROT.

NOMENCLATURE DES TABLEAUX DIVISÉS PAR ÉCOLES.

ÉCOLE ITALIENNE.

1, 8	ZUCCHERELLI.
2, 34	GUIDO RENI.
3	BARBIERI (le Guercin).
7, 18	L. CARDI (Cigoli).
11	LE GUARDI.
12	Initiales C. R.
17, 24	VETTURALI.
28	FIDANZA.
33	DELLA VALLE.
37	DE TIVOLI.
38, 78	MARKO fils.
41, 45	VOLPINI.
43	ZAMPIERI (le Dominicain).
46, 49	MARKO père.
50	VANVITELLI.
53	C. MARATTA.
22, 23	ZOCCHI.
57, 58	GASPERINI.
59, 60	Frères POLI.
61	FILIPPO.
62	GELATI.
63	GRAZIANI.
66, 67	CORAZZA.
72	Initiales S. F.
75	Carlo DOLCI.
79	Mario NUZZI.
80	ALTAMURA.
84	NOLLA.
108	BRACCI.
88, 89, 90, 91, 92, 93	DELPINO.
29, 38, 51, 56, 64, 69, 70, 74, 76, 82, 95, 96, 113, 114, 115, 120, 121	Divers inconnus.

ÉCOLES HOLLANDAISE ET FLAMANDE.

4	Van der Meer (Genre)
5	Gerbrand van den Eckout.
14, 55	Rembrandt.
15	Van Balen.
16	Berkeiden.
25	Rubens (attribué à).
26	Th. Wyck.
31	Van Bloemen, dit l'Orrizonte.
36	Bloemmaert.
40	Griffier et van Toll.
42	P. van Aelst.
51	Moucheron.
65	Inconnu.
71	Gaspard de Crayer.
73	Breughels (attribué à).
77	Inconnu.
100	Beham.
109, 110	Van Dyck.

ÉCOLE FRANÇAISE.

6, 6 bis	Rollan.
9, 85, 86, 87	Pillement.
10	Manglard.
20, 21, 103	Joseph Vernet.
27	Chardin (manière de).
30	J. Vernet (d'après).
32	Largillière.
44	Mignard.
47	Decamps (Pastiche de).
48	Jacobus, dit Gattus.
68	Faverzeon.
83, 84	A. Constantin.
94	Robert Hubert.
97	C. Roqueplan.
101, 102	Lantara.
104	Cournerie.
106, 107	David.
111	Deveria.
112	Voillemot.
13, 19, 98, 99, 105, 118	Divers inconnus.

ÉCOLE ANGLAISE.

119 Lawrence.

ÉCOLE SIENNAISE.

35 Inconnu.

ÉCOLE ESPAGNOLE.

52 Inconnu.

CATALOGUE

COMPLET ET DÉTAILLÉ

DES OBJETS MIS EN VENTE.

TOILES ET PANNEAUX.

1 **Zuccherelli** (xviiie siècle). *Prêche de Benvenuti,* évêque de l'ordre mineur des Observants.

2 **Guido Reni** (xviie). *Le Sacrifice d'Abraham.*

3 **Barbieri (Guercin)** (xviie). *Saint Jean-Baptiste prêchant.*

4 **Van der Meer** (genre de) (xviie). Marine au clair de lune.

5 **Gerbrand van den Eckout** (xviie). *Docteur de village.*

6
6 *bis* } **Rollan** (xviie). *Vases remplis de fleurs.*

7 **Cigoli (Cardi)** (xvie). *Tête de Christ.*

8 **Zuccherelli** (xviiie). Paysage.

9 **Pillement** (xviiie). Paysage.

10 **Manglard** (xviiie). *La fin d'une Tempête.*

11 **Guardi** (xviiie). *Le Pont des Soupirs à Venise.*

12 Initiales **C. R.** *Ruines avec personnages* (provenant de la vente Radziwil).

13 Inconnu. *Fleurs.*

14 **Rembrandt** (xviie). *La Veillée hollandaise* (ébauche sur panneau bois).

15 **Van Balen** (xviie). *La Sainte Famille* (sur marbre oriental).

16 **Berckeiden** (xviie). *Place publique avec monument, fontaine et personnages.*

17 **Vetturali** (élève du Canaletto) (xviiie). *Canaux, architecture et personnages.*

18 **Cigoli (Cardi)** (xviie). *Tête de Vieillard.*

19 **Verdier** (attribué à) (xixe). *Mort d'un général romain* (esquisse sur toile).

20 ⎰ **Vernet (Joseph)** (xviiie). Paysages : *Grottes ro-*
21 ⎱ *cheuses.*

22 ⎰ **Zocchi (G.)** (xviiie). Paysages.
23 ⎱

24 **Vetturali** (xviiie). *Une place de Rome.*

25 **Rubens (P.)** (attribué à) (xviie). Allégorie : *Guerrier entraîné par le Plaisir et suivi par le Remords.*

26 **Wyck (Th.)** (xviie). *La Tentation de saint Antoine.*

27 **Chardin** (genre de). *La Fileuse.*

28 **Fidanza** (xviiie). Paysage.

29 Inconnu. *Tête de jeune Fille.*

30 **Vernet (Joseph)** (d'après). Paysage, marine.

31 **Van Bloemen,** dit **l'Orrizonte** (xviie). **Paysage avec personnages.**

32 **Largillière** (d'après). (xviiie). *Portrait du Régent.*

33 **Della Valle** (xixe). Marine : *Sauvetage dans le port de Livourne*

34 **Guido Reni** (attribué à) (xviie). *Femme éplorée.*

35 Inconnu. *La Descente de Croix.*

36 **Bloemmaert** (xviie). Paysage.

37 **Tivoli** (de) (xixe). Paysage avec animaux.

38 Inconnu (ancien). Paysage avec personnages et architecture.

39 **Marko fils (C.)** (xixe). Paysage.

40 **Griffier** et **Van Toll** (xviie). *Anachorète en prière ; paysage ; Vieilles ruines.*

41 **Volpini** (xixe). *Copie du portrait d'Andrea del Sarto,* de la galerie des portraits à Florence.

42 **Van Aelst (P.)** (xviie). *Intérieur de cabaret flamand.*

43 **Zampieri (le Dominicain)** (xviie). *Saint Dominique en prière.*

44 **Mignard** (xviie). *Portrait de femme.*

45 **Volpini** (xix). *Soldats campés derrière les murs de Florence.*

46 **Marko père (C.)** (xixe). *L'Orage* (étude d'arbres).

47 **Decamps** (pastiche de) (xixe). *Arabes au repos.*

48 **Jacobus (G.)** dit **Gattus.** *Saint François opérant le miracle des monnaies.*

49 **Marko père (C.)** (xixe). Paysage (sur carton préparé).

50 **Vanvitelli** (xviiie). Paysage : *Pont et figures.*

51 **Moucheron** (xviie). Paysage.

52 Inconnu (ancien). *La Vierge et l'Enfant Jésus.*

53 **Maratta (Carlo)** (xviie). *Tête de Vierge* (médaillon).

54 Inconnu. *Portrait d'homme* (médaillon).

55 **Rembrandt** (attribué à) (xviie). *Tête d'homme* (médaillon).

56 Inconnu. *Portrait de magistrat* (médaillon).

57
58 } **Gasperini** (xixe). *Costumes napolitains.*

59 **Poli frères** (xviiie) *Bataille entre Turcs et cuirassiers.*

60 **Poli frères** (xviiie). *Défilé turc.*

61 **Filippo** (xviie). *Bataille* (sujet biblique).

62 **Gelati** (xixe). *Soleil couchant dans les plaines de Pietro Santo* (Toscane).

63 **Graziani** (xviiie). *Bataille près d'un pont.*

64 Divers inconnus. Cadre contenant cinq portraits médaillons.

65 Inconnu. Cadre contenant trois sujets de saints (provenant de Bruxelles)..

66
67 } **Corazza** (élève de Salvator Rosa) (xviie). Paysages.

68 **Faverzeon** (xixe). *Plafond* (esquisse sur panneau bois).

69 Inconnu (ancien). Marine (médaillon).

70 — — *Portrait d'abbé* (médaillon).

71 **Gaspard de Crayer** (xviie). *Portrait de Pyter Boter (?).*

72 Initiales **S. F.** *Sainte Claire* (peinture sur ivoire).

73 **Breughels** (attribué à) (xviie). *Le Christ en Croix.*

74 Inconnu. *Tête d'homme (médaillon).*

75 **Dolci (Carlo)** (xviie). *Mater Dolorosa.*

76 Inconnu. *Portrait de femme (médaillon).*

77 Inconnu. *Tête d'homme.*

78 **Marko fils (C.)** (xixe). *Paysage.*

79 **Nuzzi (Mario)** (xviie). *Fleurs et Oiseaux.*

80 **Altamura** (xixe). *Esquisse originale sur toile de la Pia di Tolomei (tableau exécuté pour le prince de Trepani).*

81 **Nolla** (xviie). *Le Repos en Égypte.*

82 **Salvator Rosa** (d'après). *Figure de guerrier.*

AQUARELLES.

83
84 } **Constantin (A.)** (xixe). *Habitations de pêcheurs.*

85
86 } **Pillement** (xviiie). Marines avec paysages.

87 **Pillement** (xviiie). Paysage avec rivière et chute d'eau.

88, 89, 90
91, 92, 93 } **Delpino** (xixe). Marines napolitaines (à la détrempe).

94 **Robert Hubert** (xvIIIᵉ). *Scène de la vie rustique.*

95 Inconnu. *Jupiter et Junon* (d'après Carrace).

96 — *Hercule et Vénus* (d'après Carrace).

97 **Roqueplan** (C.) *La présentation au Temple* (d'après Rembrandt).

98
99 } Inconnu. *Têtes de femmes* (médaillons).

GOUACHES.

100 **Beham** (xvIIᵉ). *Le Calvaire.*

101
102 } **Lantara** (xvIIIᵉ). Paysages (médaillons).

103 **Vernet (Joseph)** (xvIIIᵉ). Paysage (médaillon).

104 **Cournerie** (xIxᵉ). *Fleurs et Fruits* (médaillon).

105 Inconnu. Paysage (miniature à l'huile).

DESSINS.

106 **David** (xvIIIᵉ). *L'Incendie d'Albe.*

107 — — *Télémaque expliquant aux Crétois les lois de Minos.*

108 **Bracci** (M.). Trompe-l'œil.

109 **Van Dyck** (XVIIe). *Portrait de Gaspard Gevaert.*

110 — — *Portrait de Selden.*

111 **Deveria (E.)** (XIXe). Carton du grand tableau : *La prestation de serment de Louis-Philippe.*

112 **Voillemot** (XIXe). *L'Aurore.*

113 INCONNU. *Enfants jouant avec un Papillon* (dessin à la plume).

114 **Fre Nicodème,** de l'Ordre mineur des Observants. *Saint François* (dessin au crayon).

115 *Saint François de Paule* (dessin au crayon).

OBJETS DIVERS, GRAVURES, EAUX-FORTES, ETC.

116 INCONNU. *Portrait de Louis XVI* (ivoire sculpté, médaillon).

117 INCONNU. *La Vierge et l'Enfant Jésus* (galvanoplastie, médaillon).

118 INCONNU. Tabatière avec peinture sur ivoire.

119 **Lawrence.** *Les Baigneuses* (miniature sur ivoire).

120

121 INCONNUS. Miniatures sur bois.

122 INCONNU. *Tobie et l'Ange* (peinture sur bois).

123 Bracelet, médaillons ovales en mosaïque.

124 — — octogonaux en mosaïque.

125 Broche — — —

126 Médaillon ovale en mosaïque.

127 —   octogonal en mosaïque.

128 Bouton émail (Jules César).

129 — — (Minerve).

130 Médaillon camée (fontaine pétrifiante de Sainte-Alyre, à Clermont-Ferrand).

131 Coffret turc (incrustation nacre et écaille).

132 Boîte (peinture et incrustation persanes).

133 — à glace (peinture persane).

134 — sans glace (peinture persane).

135 — longue à tiroir (peinture persane).

136 Six couvertures de livres (peinture persane).

137 \
138 / Cuilliers turcs.

Environ 200 Desins, Gravures, Eaux-fortes, etc., qui seront vendus par lots.

Périgueux. — Imprimerie Charles RASTOUIL, rue Taillefer, 31.